Wie herrlich dieser Wintertag ist!

Mein Winterglück

Zuhause und anderswo

Stick- und Nähideen
für die ganze Familie

Sophia Drescher, Viktoria Egert & acufactum

Mein Winterglück
Zuhause und anderswo

Auf geht es dem Winter entgegen und mit Freude auf das Weihnachtsfest zu.

Unsere kleinen Tierfamilien genießen den Winter und das nahende Weihnachtsfest in vollen Zügen. Es wird im Schnee gespielt und das Heim wird gemütlich hergerichtet.
Die anrührenden Illustrationen im Buch, sowie auf Stickereien, Stoffen, Bändern und Webpatches sind von Sophia Drescher gezeichnet und liebevoll erdacht. Sie nimmt uns mit in verspielte und naturnahe Welten.

Entdecken Sie in diesem Buch Stick- und Nähideen für Ihr Heim, für die wunderschöne Adventszeit und auch etwas für die lieben Kleinen. Kuschelweiche Plaids – auch für Anfänger geeignet, Adventskalender, Dekorationen, Tischläufer, Kissen, Sets und vieles mehr laden ein, die Winterzeit kreativ und mit Handgemachtem zu zelebrieren. Ein besonderes Stilelement in den Gestaltungen dieses Buches sind Nähprojekte mit offenen Schnittkanten, aus denen zwischengenähter Teddyplüsch hervorblitzt. Dieses verleiht den Projekten einen gemütlichen Schnee-Shabbylook, aus dem auch gerne mal eine Flocke herausschwebt.

Viel Freude beim Sticken, Nähen und Entdecken!
Herzliche Grüße Ihre

Ute Menze & Meike Menze-Stöter

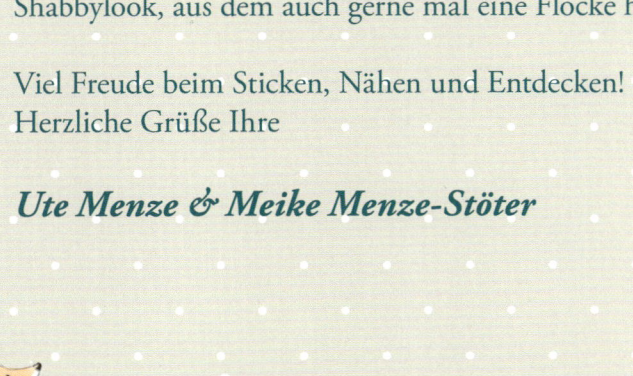

32

34

38

40

42

46

50

54

56

Genähte Stoffkränze

Größe Ø 25 (40) cm

MATERIAL

KLEINER KRANZ
- je 0,10 m BW-Stoff Feine Streifen dunkelrot-weiß, Winterspaß, Emma Seeblau

GROSSER KRANZ
- je 0,15 m BW-Stoff Tupfen dunkelrot-weiß, Feine Kränze, Wintergirlanden, Emma Thymian

ZUSCHNITT
Inkl. 1 cm NZ. Vor dem Zuschnitt Stoffe nach Anleitung waschen, siehe Nählexikon.

KLEINER KRANZ
6x 9 x 17 cm je Stoffvariante

GROSSER KRANZ
6x 12 x 25 cm Feine Kränze & Emma Thymian
3x 12 x 25 cm Tupfen dunkelrot-weiß & Wintergirlande

Nähe jeweils sechs Streifen an der kurzen Seite wie folgt aneinander zu Reihen: Für den kleinen Kranz drei regelmäßig gleiche Reihen, für den großen Kranz unregelmäßig verschiedene Reihen. Achte darauf, dass die Motive nicht auf dem Kopf stehen. Bügle alle Nähte auseinander. Schließe die Reihen, in sich rechts auf rechts, an der Längsseite und der oberen kurzen Seite. Wende sie und stopfe sie fest mit Füllwatte zu drei Würsten. Zum Wenden und Füllen eignet sich die hintere Seite einer langen, dicken Stricknadel sehr gut. Lasse am Ende 3 cm frei von Füllwatte. Schlage 1 cm Naht um und nähe das Ende zu. Nähe die drei Würste am Anfang von Hand zusammen und flechte sie fest. Stecke die Enden so wie es sich ergibt auf einen Anfang und nähe sie dort von Hand zu einem Kranz.

schau mal, es fängt an zu schneien!

Tischläufer

Größe 160 x 40 cm

MATERIAL

- 0,20 m BW-Stoff Tupfen graugrün-weiß (A)
- 1,50 m BW-Stoff Feine Kränze (B)
- 0,10 m BW-Stoff Tupfen dunkelrot-weiß (C)
- 0,90 m Gewebeeinlage (D)

ZUSCHNITT

Inkl. 1 cm NZ. Vor dem Zuschnitt Stoffe nach Anleitung waschen, siehe Nählexikon.

A1: 32 x 10 cm
A2: 122 x 10 cm
A3: 24 x 10 cm, 14 x 10 cm
B1: 32 x 24 cm, B1b: 32 x 14 cm
B2: 122 x 24 cm, B2b: 122 x 14 cm
B3: 2x 82 x 42 cm für Läuferrückseite
C: 8x 6 x 6 cm
C2: 10 x 10 cm
D: 2x 82,5 x 42 cm für Läuferrückseite (aufbügeln und an Ansatznaht locker von Hand zusammennähen)

Bügle die Quadrate aus C jeweils diagonal links auf links und kantengleich aufeinander. Nähe jeweils zwei Dreiecke an eine Schmalseite der Zuschnitte A1-3 knappkantig rechts auf rechts auf (siehe Skizze). Dabei liegen sie so, dass der Tupfen graugrün-weiß wie ein Pfeil erscheint und die roten Dreiecke mittig überlappen. Später zeigen alle Pfeilspitzen auf die Mitte. Nähe nun die Streifen an die passenden Zuschnitte aus B. Lege dazu A1 mit der Pfeilspitze nach rechts und steppe oben B1 und unten B1b an den Streifen. Achte auf den Musterverlauf. Lege den Streifen A2 mit der Pfeilspitze nach links und steppe oben B2 und unten B2b an. Nähe zwischen beide Zuschnitte aus A3 das Quadrat aus C2. Die Pfeilspitzen zeigen beide zum Quadrat, der kürzere Zuschnitt wird wieder unten angenäht. Bügle alle entstandenen Nähte auseinander. Nähe nun den Streifen A3/C2 zwischen die beiden fertigen Teile A/B. Alle Pfeilspitzen zeigen zum Quadrat C2. Achte dabei darauf, dass alle Nähte aufeinandertreffen. Dazu lege die jeweiligen Teile rechts auf rechts und stecke jeweils eine Nadel durch beide Nahtschatten der aufeinandertreffenden Nähte. Diese wird erst nach dem Steppen entfernt. Bügle auch diese Nähte auseinander. Bügle die Vlieseline auf die linke Seite des Vorderteils. Stecke, für den Läufer, Vorder- und Rückseite (B3) rechts auf rechts aufeinander und nähe sie rundherum kantengleich, bis auf eine Wendeöffnung, zusammen. Schneide die Nahtzugabe in den Ecken bis kurz vor die Stepplinie ab und wende den Läufer. Schließe die Wendeöffnung mit feinen Saumstichen. Bügle den Tischläufer gut aus und steppe ihn rundherum ca. 1 cm ab.

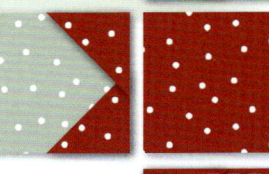

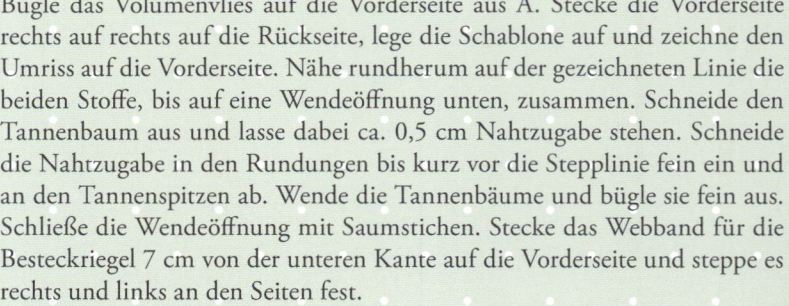

Besteckbäumchen

Größe 14,5 x 18 cm
Schablone 9.2 auf Bogen 2

MATERIAL FÜR 6 STÜCK
- 0,20 m BW-Stoff Tupfen dunkelrot-weiß (A)
- 0,20 m Teddyplüsch wollweiß (B)
- 0,80 m Webband Winterkränze (C)
- 0,20 m Volumenvlies zum Aufbügeln (D)

ZUSCHNITT
Inkl. 1 cm NZ. Vor dem Zuschnitt Stoffe nach Anleitung waschen, siehe Nählexikon.

A: 6x 17 x 20 cm für Vorderseite
B: 6x 17 x 20 cm für Rückseite
C: 6x 13 cm für Besteckriegel
D: 6x 17 x 20 cm

Bügle das Volumenvlies auf die Vorderseite aus A. Stecke die Vorderseite rechts auf rechts auf die Rückseite, lege die Schablone auf und zeichne den Umriss auf die Vorderseite. Nähe rundherum auf der gezeichneten Linie die beiden Stoffe, bis auf eine Wendeöffnung unten, zusammen. Schneide den Tannenbaum aus und lasse dabei ca. 0,5 cm Nahtzugabe stehen. Schneide die Nahtzugabe in den Rundungen bis kurz vor die Stepplinie fein ein und an den Tannenspitzen ab. Wende die Tannenbäume und bügle sie fein aus. Schließe die Wendeöffnung mit Saumstichen. Stecke das Webband für die Besteckriegel 7 cm von der unteren Kante auf die Vorderseite und steppe es rechts und links an den Seiten fest.

Sternenkissen

Größe 60 x 40 cm

MATERIAL
- 0,10 m BW-Stoff Tupfen graugrün-weiß (A)
- 0,70 m BW-Stoff Feine Kränze (B)
- 0,10 m BW-Stoff Tupfen dunkelrot-weiß (C)
- 0,50 m Volumenvlies zum Aufbügeln (D)
- 50 cm Reißverschluss

ZUSCHNITT
Inkl. 1 cm NZ. Vor dem Zuschnitt Stoffe nach Anleitung waschen, siehe Nählexikon.

A1: 32 x 10 cm
A2: 22 x 10 cm
A3: 24 x 10 cm, 14 x 10 cm
B1: 32 x 24 cm, B1b: 32 x 14 cm
B2: 22 x 24 cm, B2b: 22 x 14 cm
B3: 62 x 42 cm für Kissenrückseite
C: 8x 6 x 6 cm
C2: 10 x 10 cm
D: 62 x 42 cm für Kissenvorderseite

Arbeite die Kissenvorderseite nach der Läuferanleitung Seite 9. Versäubere für das Kissen die unteren Kanten an Vorder- und Rückteil. Lege sie rechts auf rechts und nähe die untere Naht von jeder Seite 8 cm zu. Bügle sie auseinander und nähe dann von rechts den Reißverschluss ein. Öffne ihn und schließe das Kissen rundherum. Versäubere die Naht, wende das Kissen und lege das Inlett hinein.

Mhhh, warmer Kakao ist jetzt genau das richtige.

PLAIDS

Größe 150 x 200 cm
Schablonen 7.3, 7.4, 8.3 und 9.3 auf Bogen 2

MATERIAL

PLAID 1: TANNENBÄUME
- 0,90 m BW-Stoff Emma Thymian (A)
- 0,60 m BW-Stoff Tupfen graugrün-weiß (B)
- 1,50 m BW-Stoff Feine Kränze (C)
- 3,00 m BW-Stoff Tupfen dunkelrot-weiß für Randbinding, Rückseite und Schablone 9.3 (D)
- 0,30 m Teddyplüsch wollweiß (E)
- 2,00 m bauschiges Volumenvlies 150 cm breit (F)

PLAID 2: WEIHNACHTSMARKT
- 0,90 m BW-Stoff Feine Streifen dunkelrot (A)
- 0,90 m BW-Stoff Tupfen dunkelrot-weiß für Top und Randbinding (B)
- 1,50 m BW-Stoff Weihnachtsmarkt (C)
- 3,00 m Teddyplüsch wollweiß für Rückseite und Schablone 8.2 (D und E)
- 2,00 m bauschiges Volumenvlies 150 cm breit (F)

PLAID 3: LESESTUNDE
- 0,90 m BW-Stoff Kiesel petrol (A)
- 0,90 m BW-Stoff Tupfen petrol-weiß für Top und Randbinding (B)
- 2,00 m BW-Stoff Lesestunde für Motiv und Top (C)
- 2,00 m BW-Stoff gekochte Wolle petrol für Rückseite (D)
- 0,50 m Teddyplüsch wollweiß (E)
- 2,00 m bauschiges Volumenvlies 150 cm breit (F)

ZUSCHNITT ALLE PLAIDS

Inkl. 1 cm NZ. Vor dem Zuschnitt Stoffe nach Anleitung waschen, siehe Nählexikon.

ALLE PLAIDS
A: 12x 30 x 30 cm
B: 6x 30 x 30 cm
B1: 5x 6 cm x gesamte Stoffbreite für Randbinding (für Plaid Kränze und Lesestunde)
C: 17x 30 x 30 cm
D: gesamte Breite x 200 cm für Rückenteil
D1: 5x 6 cm x gesamte Stoffbreite für Randbinding (für Plaid Weihnachtsmarkt)
E: Schablone passend zum jeweiligen Plaid
F: gesamte Breite x 200 cm

ZUSÄTZLICH PLAID 1
D: 7x Schablone 9.3   E: 7x Schablone 9.3
Mittig auf die zweite Längsreihe von rechts setzen.

ZUSÄTZLICH PLAID 2
C: 12x Schablone 8.3   E: 12x Schablone 8.3
Mittig auf die gestreiften Karos setzen.

ZUSÄTZLICH PLAID 3
B: 3x Schablone 7.4   E: 5x Schablone 7.4
C: 2x Schablone 7.4, 1x Schablone 7.3
Mittig auf die 2. Querreihe von oben setzen. Die Herzen können oben offen gelassen werden, so kann man noch etwas einstecken.

Nähe die Quadrate aus A, B, C laut Abbildung rechts auf rechts reihenweise zusammen und bügle die Nähte auseinander. Nähe dann die Reihen rechts auf rechts zusammen und achte darauf, dass die Quadrate laut Foto in der richtigen Reihenfolge liegen und die Längsnähte aufeinandertreffen. Stecke dazu durch die Nahtschatten eine Stecknadel zum Fixieren. Bügle auch diese Nähte auseinander. Das Top ist fertig. Lege den Stoff für die Rückseite, das Vlies und das Top zu einem Quiltsandwich zusammen. Reihe oder stecke alles gut aufeinander damit nichts verrutscht. Steppe nun, von der Mitte aus, durch alle Nahtschatten. Wähle dazu eine größere Stichlänge und lockere die Fadenspannung eventuell ein wenig, damit die Naht schön geschmeidig wird. Fertige das Randbinding mit den Zuschnitten aus B1 oder D1 wie im Nählexikon auf Seite 64 beschrieben. Nähe die BW-Zuschnitte für die Applikationen auf die Teddyplüsch-Zuschnitte, ca. 1 cm von der Schnittkkante entfernt. Steppe zum Schluss die Applikationen auf den Plaid, siehe die Bilder und Angaben unter den einzelnen Plaids.

Oh wie lecker, darf ich mal probieren?

Habt ihr mein Geheimversteck in den Herzen entdeckt?

Taschengirlanden

Größen: klein 12 x 16 cm (groß 15 x 21 cm)
Schablonen 8.2, 9.1 und 10.2 auf Bogen 2
Stickdatei *Schlittenbärchen* für Variante Winterspaß
Stickdatei *Mini Vogelhaus* f. Variante Weihnachtsmarkt

Material für fünf Taschen

Kleine Girlande: Tannen
• 0,35 m Leinen Natur (A)
• 0,10 m BW-Stoff Wintergirlanden (B)
• 0,10 m Gekochte Wolle grün (C)
• 0,40 m Gewebeeinlage (D)
• 2,00 m dicke Kordel

Grosse Girlande: Winterspass
• 0,40 m BW-Stoff Winterspaß (A)
• 0,40 m BW-Stoff Feine Streifen graublau (B)
• 0,15 m BW-Stoff Teddyplüsch wollweiß (C)
• 0,60 m Gewebeeinlage (D)
• 2,50 m dicke Kordel

Grosse Girlande: Weihnachtsmarkt
• 0,40 m BW-Stoff Weihnachtsmarkt (A)
• 0,40 m BW-Stoff Tupfen taupe (B)
• 0,15 m Teddyplüsch wollweiß (C)
• 0,60 m Gewebeeinlage (D)
• 2,50 m dicke Kordel

Optional für alle Varianten:
Holzperlen in verschiedenen Größen

Zuschnitt

Inkl. 1 cm NZ. Vor dem Zuschnitt Stoffe nach Anleitung waschen, siehe Nählexikon.

Kleine Girlande: Tannen
A: 10x 14 x 33 cm   B: 5x Schablone 9.1
C: 5x 11 x 11 cm   D: 5x 14 x 33 cm

Grosse Girlande: Winterspass
Die Stickerei mit der Maschine mittig auf einen Zuschnitt von 30 x 30 aus BW-Stoff (B) sticken.

A: 6x 16,5 x 16,5 cm für Taschen, 6x 16,5 x 23,5 cm
   für Rücken
A1: 2x Schablone 10.2
B: 4x 16,5 x 39 cm
B1: 2x Schablone 10.2, 12 x 12 cm mit Stickerei (mittig)
C: 5x 8 x 13 cm, 12 x 12 cm für Stickerei
D: 5x 16,5 x 39 cm

Stecke je einen Zuschnitt aus B (A1 / B1) mittig auf einen Zuschnitt aus C und steppe 1-mal rundherum das Motiv ca. 3 mm von der Kante auf. Schneide nun das Motiv auch aus der gekochten Wolle (Teddyplüsch) aus, so, dass es 2 mm größer ist und dieser Rand später schön sichtbar bleibt. Steppe bei den großen Varianten die unteren Kanten aus A füßchenbreit aneinander und bügle die Naht auseinander. Dies ist für den späteren Musterverlauf erforderlich. Bügle die Gewebeeinlage auf 5 Zuschnitte aus A (2 Zuschnitte aus A / 3 aus B). Stecke die unbebügelten Zuschnitte aus A (A / B) rechts auf rechts auf die bebügelten und steppe sie rundherum, bis auf die obere Kante, zusammen. Schneide die Nahtzugabe in den Ecken bis kurz vor der Stepplinie ab und wende die Taschen. Bügle sie und schließe die obere Kante indem beide Stofflagen zusammen versäubert werden. Lege diese Kante nach unten, sodass die bebügelte Seite oben liegt. Fixiere 1 cm von der oberen Kante (verstürzt) die Applikation aus Wolle (Teddyplüsch). Achte bei den großen Varianten auf nebenstehende Bilder. Steppe nun ein zweites Mal, aber diesmal durch alle Lagen hindurch, in ungleichmäßigem Abstand von der Schnittkante auf dem BW-Stoff rundherum die Applikation auf. Zeichne von der oberen Kante nun 11,5 cm (15 cm) ab und schlage diese als Tasche um, die Applikation liegt außen auf der Tasche. Fixiere alles und steppe von der versäuberten oberen Kante bis unten alles knappkantig ab, dabei entsteht der Taschenbeutel. Zeichne nun von der Kante des Taschenbeutels 4 cm (5 cm) nach oben ab und schlage den restlichen Saum nach hinten. Steppe ihn 2 cm von der Umbruchkante entfernt fest, so entsteht gleichzeitig der Tunnel für die Kordel. Ziehe diese mit Hilfe einer Sicherheitsnadel durch den Tunnel und achte dabei auf die Taschenreihenfolge. Zur Zierde können zwischen die Taschen noch Holzkugeln gefädelt werden.

Grosse Girlande: Weihnachtsmarkt
Die Stickerei mit der Maschine mittig auf 2 Zuschnitte von 20 x 20 aus BW-Stoff (B) sticken.

A: 4x 16,5 x 16,5 cm für Taschen, 4x 16,5 x 23,5 cm für Rücken
A1: 3x Schablone 8.2
B: 6x 16,5 x 39 cm
B1: 2x Schablone 8.2 mit Stickerei (diese wird 1,5 cm mittig vom unteren Rand platziert)
C: 6x 13 x 13 cm
D: 5x 16,5 x 39 cm

TISCHSETS

Größe 50 x 30 cm
Schablonen 9.2 und 9.3 auf Bogen 2
Stickdatei *Luciabär*

MATERIAL

VARIANTE 1: 4 TANNEN-SETS

• 1,50 m BW-Stoff Emma Thymian (A)
• 0,30 m BW-Stoff Tupfen dunkelrot-weiß (B)
• 0,50 m Teddyplüsch wollweiß (C)
• 0,20 m BW-Stoff Adventsfreude (D)
• 0,20 m BW-Stoff Wintergirlande (E)
• 2,00 m Gewebeeinlage (F)
• 0,20 m Stickleinen weiß (G)

VARIANTE 2: 1 BÄNDERBAUM-SET

• 0,30 m BW-Stoff Tupfen dunkelrot-weiß (A)
• 0,30 m Leinen Natur (B)
• 0,30 m BW-Stoff Teddyplüsch wollweiß (C)
• 0,30 m Gewebeeinlage (F)
• je 0,50 m Webband Winterkränze, Weihnachtsspiel und Weihnachten mit Häschen

ZUSCHNITT

Inkl. 1 cm NZ. Vor dem Zuschnitt Stoffe nach Anleitung waschen, siehe Nählexikon. Die Stickerei mit der Maschine auf einen Zuschnitt von 30 x 30 cm aus Stickleinen weiß (B) sticken. Dabei die Stickerei laut Schnitt und Foto mittig, am unteren Rand positionieren.

FÜR VARIANTE 1

A: 8x 52 x 32 cm für Vorder- und Rückseite
B: 4x Schablone 9.3
C: 4x Schablone 9.2, 4x Schablone 9.3
D: 2x Schablone 9.2
E: Schablone 9.2
F: 4x 52 x 32 cm, 4x Schablone 9.2, 4x Schablone 9.3
G: Schablone 9.2

FÜR VARIANTE 2

A: 2x 52 x 32 cm für Vorder- und Rückseite
B: Schablone 9.3
C: Schablone 9.3
F: 52 x 32 cm, Schablone 9.3

Bügle die Gewebeeinlage auf vier (einen) Zuschnitt(e) aus A für Vorderseite und die Zuschnitte aus B, D, E, und G. Stecke die Zuschnitte für Vorder- und Rückseite rechts auf rechts aufeinander und steppe sie rundherum zusammen. Lasse dabei eine Wendeöffnung. Schneide die Nahtzugabe in den Ecken bis kurz vor der Stepplinie ein/ab und wende die Sets. Bügle sie und schließe die Wendeöffnung mit Saumstichen. Steppe sie rundherum 1,5 cm von der Außenkante entfernt ab. Beim Bänderbaum (Variante 2) werden nun zuerst die verschiedenen Bänder wie folgt aufgenäht. Platziere die Bänder, beginnend mit dem ersten 1,5 cm von der unteren Schnittkante, auf den Baumausschnitt aus B. Schneide sie in der benötigten Länge ab. Gehe mit einem Feuerzeug vorsichtig einmal an der Schnittkante entlang, somit verschmilzt der Faden und ribbelt sich nicht mehr auf. Nähe die Bänder auf und dann den so vorbereiteten Leinentannenbaum kantengleich auf den Teddybaum aus C. Steppe die fertige Baumapplikation 1 cm von der Schnittkante entfernt und 2 mal rundherum auf das Set. Bei Tischset Variante 1 steppe zum Schluss die Applikationen aus dem Zuschnitten laut Fotos auf. Dazu werden Zuschnitte zuerst mit dem Teddyplüsch verstürzt und dann auf den Tischsets platziert. Siehe dazu die Abbildung der einzelnen Tischsets und Seite 65 (Verarb. v. Applikationen). Lasse bei den kleinen Bäumen die Naht am rechten mittleren Drittel offen. So kann dort später Besteck, Serviette oder Deko eingesteckt werden (siehe Foto rechts).

Diese Kugel passt genau hier hin.

BAUMKISSEN

Größen 49 x 60 / 32 x 40 / 22 x 27 cm
Schablone 5 auf Bogen 1, Schablone 9.3 auf Bogen 2
Stickdatei nach Wahl

MATERIAL

- 0,60 / 0,40 / 0,30 m Leinen oder BW-Stoff (A)
- 0,60 / 0,40 / 0,30 m Teddyplüsch (B)
- 0,20 / 0,15 / 0,10 m für Taschen (C)
- 0,60 / 0,40 / 0,30 m Gewebeeinlage (D)
- Füllwatte
- verschiedene Webbänder
- verschiedene Patches

ZUSCHNITT

Inkl. 1 cm NZ. Vor dem Zuschnitt Stoffe nach Anleitung waschen, siehe Nählexikon. Die Stickerei mit der Maschine vor dem Zuschnitt auf das Leinen sticken. Dabei die Stickerei nach Belieben oder gemäß Fotos auf den nächsten Seiten positionieren. Die Taschen können wahlweise im Shabbylook (B1 und C1) oder mit sauberer Taschenkante (C) gearbeitet werden.

A: 2x Schablone 5.1 / 5.2 / 9.3 f. Vorder- & Rückseite
B: 1x Schablone 5.1 / 5.2 / 9.3 für Zwischenlage
B1: 1x Schablone 5.3 / 5.4 / 5.5 für Tasche (Shabbylook)
C: 2x Schablone 5.3 / 5.4 / 5.5 für Tasche mit sauberer Taschenkante
C1: 1x Schablone 5.3 / 5.4 / 5.5 für Tasche im Shabbylook
D: 1x Schablone 5.1 / 5.2 / 9.3

Bügle die Gewebeeinlage D auf die Vorderseite aus A. Wähle Bänder, Taschen und/oder Stickereien aus um die Vorderseite zu verzieren. Bestickt wird immer vor dem finalen Zuschneiden, damit genügend Platz zum Einspannen in den Stickrahmen bleibt. Verziere auch die Taschen mit Patches, Bändern oder Stickereien, bevor sie auf die Vorderseite genäht werden. Die Taschen können mit sauberer Taschenkante oder im Shabbylook genäht werden. Für die Variante mit sauberer Taschenkante lege die Zuschnitte aus C rechts auf rechts aufeinander und verstürze sie. Für eine Tasche im Shabbylook lege Zuschnitt C1 links auf rechts auf den Zuschnitt B1 und steppe sie, 0,5 mm von der Schnittkante entfernt, aufeinander.

Verziere nun die Baumvorderseite mit den ausgesuchten Elementen. Lege und stecke sie erst auf und steppe alles knappkantig auf die Vorderseite. Denke daran die Taschen an der oberen Kante offen zu lassen.

Lege die Baumvorderseite links auf rechts kantengleich auf den Baum aus Teddyplüsch B und fixiere alles mit Stecknadeln. Lege den Zuschnitt für die Baumrückseite A mit der linken Seite auf die linke Teddyplüschseite und fixiere alle Stofflagen gut aufeinander. Durch den innenliegenden Teddyplüsch entsteht der schöne Shabby-Charakter. Steppe die Stofflagen zweimal rundherum, ca. 1 cm von der Schnittkante entfernt, aufeinander (bei kleineren Modellen 0,5 cm). Lasse dabei eine Öffnung von ca. 6 cm an einer Seite zum Befüllen. Fülle das fertige Baumkissen zwischen der linken Seite des Teddyplüschs und der Rückseite (nicht zu prall, sonst verliert es die Form) mit Füllwatte und steppe die Öffnung zu.

So, hier noch deine Nase und du bist fertig.

Schau mal, ein Lichterfest!

Ich bringe auch ein Licht!

WÄRMEKISSEN

Größe 24 x 24 cm (28 x 28 cm)

MATERIAL

- 0,40 m BW-Stoff Dachse & Wintergrün oder Ted-dyplüsch wollweiß (A)
- 0,10 m BW-Stoff Tupfen graugrün (B)
- 0,40 m BW-Stoff weiß für Innenbeutel (C)
- 160 g (230 g) Traubenkerne

ZUSCHNITT

Inkl. 1 cm NZ. Vor dem Zuschnitt Stoffe nach Anleitung waschen, siehe Nählexikon.

A: 18 x 18 cm (22 x 22 cm) für vordere Mitte
    2x 26 x 18 cm (30 x 22 cm) für Rückseite
B: 130 x 5 cm (145 x 5 cm) für Randstreifen
C: 2x 18 x 18 cm (22 x 22 cm) für Innenbeutel

Bügle die Zuschnitte der Rückseite an den kurzen Seiten zweimal 1 cm zur linken Stoffseite und steppe sie knappkantig fest. Nähe nun den Randstreifen längs an jede der vier Seiten des vorderen Mittelteiles und bügle alle Nähte. Lege für den Hotelverschluss die beiden Teile der Rückseite so übereinander, dass sie zusammen genau auf die fertige Vorderseite passen. Lege Vorder- und Rückseite rechts auf rechts und steppe sie rundherum zusammen. Schneide die Ecken bis kurz vor die Naht zurück. Wende den Stoff und bügle die Außenkanten. Steppe im Nahtschatten des Randstreifens im Nahtbereich zum vorderen Mittelteil den Stehrand ab. Lege die Zuschnitte für den Innenbeutel aus C rechts auf rechts und steppe sie, bis auf eine Wendeöffnung, rundherum zusammen. Wende und fülle danach die Traubenkerne durch die Öffnung ein. Schließe die Wendeöffnung. Stecke den gefüllten Innenbeutel durch den Hotelverschluss in den Bezug.

> Mit dir zähle ich die Schneeflocken am liebsten.

BAUMSCHEIBEN

Größe Ø ca. 8 bis 9 cm, je nach Scheiben

MATERIAL

- 0,20 m BW-Stoff mit verschiedenen Motiven
- etwas dünne Jutekordel
- Baumscheiben mit Loch für Kordel,
  Ø ca. 8 bis 9 cm
- Serviettenkleber
- Holzperlen mit Loch in verschiedenen Größen

Übertrage die Baumscheibe als Schablonenvorlage auf eine durchsichtige Folie und schneide sie einige Millimeter kleiner aus. Wähle mithilfe dieser Schablone schöne Ausschnitte aus dem Motivstoff aus und schneide sie aus. Da rohe Baumscheiben sehr saugfähig sind, streiche sie einmal mit Serviettenkleber vor und lasse sie trocknen. Streiche sie erneut satt mit Serviettenkleber ein und platziere den Stoffausschnitt auf der Baumscheibe. Achte darauf, dass das Loch in der Baumscheibe oben liegt. Nun ziehe mit einer dicken Nadel die Kordel durch den Stoff und das Loch in der Baumscheibe. Pinsele mit Serviettenkleber über den Stoff, arbeite dabei von innen nach außen und drücke den Stoff dabei etwas an. Ziehe nach Belieben verschiedene Holzperlen über die doppeltgelegte Kordel. Lasse die Baumscheiben gut trocknen bevor sie sich als Geschenkanhänger, Baum-, Servietten- oder Kranzschmuck präsentieren.

Schau mal, wie schön der Kranz geworden ist.

Kleid mit Passe

Größen 98-104 / 110-122 / 128-134
Schnitt 1 auf Bogen 1

MATERIAL

- 1,20 (1,40 / 1,60) m BW-Stoff Wintergrün & Dachse oder Wintergirlanden (A)
- 0,20 m Teddyplüsch wollweiß oder gekochte Wolle hellgrün (B)
- 0,40 m Gummiband in 0,5 cm Breite

ZUSCHNITT

Inkl. 1 cm NZ. Vor dem Zuschnitt Stoffe nach Anleitung waschen, siehe Nählexikon.

A: 1x Schnitt 1.1 im Bruch für Rock Vorderteil
1x Schnitt 1.2 im Bruch für Rock Rückenteil
1x Schnitt 1.3 in doppelter Lage für Ärmel
1x Schnitt 1.4 im Bruch für vordere Passe
1x Schnitt 1.5 in doppelter Lage f. rückw. Passe
4x 25 x 3 (25 x 3 / 30 x 3) cm für Bindebänder
8 x 6 (10 x 6 / 12 x 6) cm für Beleg

B: 1x Schnitt 1.4 im Bruch für vordere Passe
1x Schnitt 1.5 in doppelter Lage f. rückw. Passe

Bügle die langen Schnittkanten der Zuschnitte für die Bändel erst links auf links aufeinander und dann lege sie wieder offen. Bügle nun die Schnittkanten zur eben entstandenen Mitte, lege dann die Bügelkanten aufeinander und steppe sie knappkantig aufeinander, schlage dabei ein Ende ein, so dass es sauber ist. Steppe jeweils die Schulternähte von Passe und Beleg zusammen und bügle/dämpfe sie auseinander. Schließe die Ärmelnähte und die Seitennähte vom Kleid rechts auf rechts, versäubere und bügle sie. Stecke die Ärmel rechts auf rechts, entsprechend den Markierungen im Schnitt, an die Vorder- und Rückenteile und nähe sie ein. Versäubere die Nähte. Markiere den Schlitz am Rückenteil. Lege die Bindebänder mit den offenen Seiten auf die Markierungen an Passe und Rückenteil. Hefte den Belegstreifen rechts auf rechts mittig auf die Schlitzmarkierung. Nähe, 0,5 cm von der Markierung entfernt und nach unten spitz zulaufend, um die Markierung und fasse dabei die Bändel mit. Schneide den Schlitz nun auf der Markierung ein und schlage den Beleg nach innen. Bügle ihn und schlage die Belegkante 2x nach innen und steppe ihn knappkantig ab. Stecke nun Passe und Beleg (A und B) rechts auf rechts aufeinander, nähe sie am Halsausschnitt und der Schlitzkante rundherum zusammen und fasse dabei auch hier die Bändel mit. Schneide den Halsausschnitt bis kurz vor die Stepplinie rundherum ein und die Ecken ab. Bügle von innen die fertige Passe nun kantengleich links auf links aufeinander, stecke sie fest damit nichts mehr verrutscht und versäubere an der äußeren Kante beide Stofflagen zusammen. Markiere mit einem Faden die vordere und rückwärtige Mitte an Kleid und Passe. Ebenso die Schulternähte an den Ärmeln und der Passe. Versäubere die obere Kante vom Kleid nun rundherum und kräusele sie mit zwei Fäden ein. Zeichne 2 cm von der Passenkante mit Schneiderkreide auf der rechten Stoffseite ab. Lege dort die obere Kante des Kleides an und stecke die Markierungen aufeinander. Verteile, am Schlitz beginnend, die Kräusel gleichmäßig und steppe zwischen den beiden Kräuselfäden das Kleid auf die Passe. Versäubere den Ärmelsaum und bügle ihn 5 cm nach innen. Steppe den Saum 3 cm von der Bügelkante entfernt ab. Steppe ein zweites Mal bei 3,8 cm ab und lasse diesmal eine Öffnung von 1 cm für den Gummieinzug. Schneide 2 Gummibänder auf 16 (17/18) cm oder messe das Handgelenk des Kindes. Ziehe die Gummibänder in den Tunnel und nähe die Enden zusammen. Schließe die Öffnung. Bügle am Kleidsaum zweimal 1 cm um und steppe den Saum knappkantig ab.

Gefütterte Wollweste

Größen 98-104 / 110-116 / 128-134
Schnitt 2 auf Bogen 2
Schablone 7.2 auf Bogen 2
oder Stickdatei *Schlittenbärchen*

MATERIAL

• 0,45 / 0,50 / 0,55 m gekochte Wolle (hellgrün, anthrazit oder dunkelrot) (A)
• 0,45 / 0,50 / 0,55 m BW-Stoff xy (Wintergirlanden, Winterspaß oder Weihnachtsmarkt) (B)
• 0,20 m Gewebeeinlage
• 2 beziehbare Knöpfe, ca. 15 mm
• Optional: Rest Teddyplüsch für Applikation

ZUSCHNITT

Inkl. 1 cm NZ. Vor dem Zuschnitt Stoffe nach Anleitung waschen, siehe Nählexikon.

A: 1x Schnitt 2.1 in doppelter Lage für Vorderteil
    1x Schnitt 2.2 im Bruch für Rückenteil
    1x Schnitt 2.3 im Bruch für Kragen
B: 1x Schnitt 2.1 in doppelter Lage für Vorderteil
    1x Schnitt 2.2 im Bruch für Rückenteil
    1x Schnitt 2.3 im Bruch für Kragen
B1: 2x Schnitt 2.4 in doppelter Lage für Flügelärmel
C: 1x Schnitt 2.3 im Bruch für Kragen
    2x vordere Länge x 4 cm für Knopfleiste

Diese Weste kann optional mit kleinen Flügelärmelchen gearbeitet werden. Ist eine Weste ohne Ärmel gewünscht, überspringe die entsprechenden Anweisungen zu den Ärmeln.

Bügle die Streifen der Gewebeeinlage für die Knopfleiste auf die linke Seite der Kanten an den Vorderteilen der Weste aus A und die Einlage für den Kragen auf die linke Seite des Kragens aus A. Sticke wahlweise das Stickmotiv oder nähe die Herzapplikation *(siehe Nählexikon S. 65, Verarbeitung von Applikationen)* mittig zwischen die Armausschnitte auf das Rückenteil, siehe Fotos. Schließe die Seiten- und Schulternähte der Vorder- und Rückenteile aus A. Wiederhole dies für B. Dämpfe die Nahtzugabe flach auseinander.
Optional für Variante mit Flügelärmel: Steppe je zwei Zuschnitte aus B1 rechts auf rechts an der gebogenen Außenkante zusammen und bügle die Naht. Kräusele die geraden Kanten auf 2/3 Länge ein. Stecke die Mitte der Kräuselkante von außen an die Schulternaht und stecke die Ärmel gleichmäßig an den Armausschnitt. Steppe die Ärmel fest.
Weiter für beide Varianten: Stecke beide Kragenteile aus A und B rechts auf rechts und steppe sie an der oberen Kante zusammen. Schneide die Nahtzugabe an den Ecken diagonal bis kurz vor die Naht ab, wende und bügle den Kragen. Steppe die untere Kante des Kragens knappkantig ab, um ein Verrutschen während der Verarbeitung zu vermeiden. Stecke die Kragenmitte mit der unteren Naht mittig auf die Ausschnittkante des Rückenteils, Wolle auf Wolle. Stecke beide Kragenschenkel bis zur Markierung am vorderen Ausschnitt fest. Steppe den Kragen fest und stecke, rechts auf rechts, das Innenfutter an die vorderen Kanten und den Kragen. Steppe diese ebenfalls zusammen.
Greife von innen die Seitennähte eines Armausschnitts und drehe sie, rechts auf rechts liegend, zueinander. Stecke sie dort aufeinander und nähe die erste Hälfte des Armausschnittes, bis in den Schultertunnel, zusammen. Beachte bei der Variante mit Flügelärmeln, dass die Naht den Ärmel mitgreift. Nähe von der Futterseite aus, so kann der Walkstoff gut eingehalten werden. Für die zweite Hälfte des Armausschnittes beginne wieder an dem Punkt der Seitennaht und nähe in den Schultertunnel hoch. Wiederhole diese Schritte für den zweiten Ärmel. Schneide die Nahtzugabe in den Ärmelrundungen unten bis kurz vor die Naht ein.
Schließe im halb gewendeten Zustand die untere Saumnaht von innen. Lasse dabei eine Wendeöffnung von 10 bis 12 cm offen und wende die Weste anschließend. Schließe die Wendeöffnung von Hand. Dämpfe die Weste gut aus. Optional: Steppe die Außenkanten nähfüßchenbreit ab.
Arbeite die Knopflöcher 1 cm von der Vorderkante in die Weste, Position siehe Schnitt. Beziehe die Knöpfe nach Herstellerangabe und nähe sie auf der gegenüberliegenden Seite an.

> Mit all unseren Kerzen wird der Winter gemütlich und hell.

*Die Anleitung
zu der Tasche ist als
freier Download auf
www.acufactum.de
zu finden.*

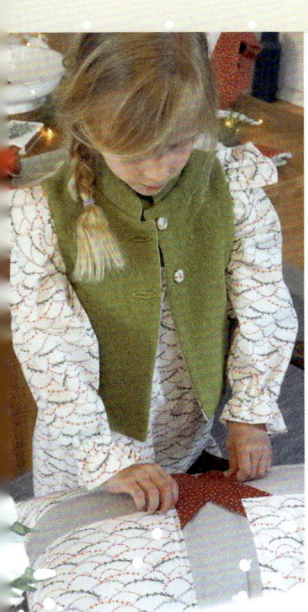

Wie schön
der Schnee im Licht
der Laterne funkelt.

PUNSCH

GENÄHTE BRIEFUMSCHLÄGE

Größe 17,5 x 13 cm
Schablone 6 auf Bogen 1

MATERIAL

- 0,25 m BW-Stoff Feine Streifen, Eiskristalle, Emma oder Tupfen in einer belieben Farbe für außen (A)
- 0,40 m BW-Stoff mit Motiv für das Futter (B) (bei Stoff ohne Motiv reichen 0,25 m)
- 0,25 m Gewebeeinlage (C)
- Optional: 0,20 m Webband, Webpatches

ZUSCHNITT

Inkl. 1 cm NZ. Vor dem Zuschnitt Stoffe nach Anleitung waschen, siehe Nählexikon.

A: 1x Schablone 6 für den äußeren Briefumschlag
B: 1x Schablone 6 für das Futter
C: 1x Schablone 6

Bügle die Gewebeeinlage auf den Zuschnitt aus A. Platziere beide Briefzuschnitte A und B rechts auf rechts aufeinander und nähe sie, bis auf eine Wendeöffnung, zusammen. Schneide die Nahtzugabe in den Ecken bis zur Naht zurück und wende den Umschlag. Bügle ihn gut aus und schließe die Wendeöffnung. Falte die untere Kante des Umschlags gemäß Schablone nach oben und stecke sie fest. Steppe die Seiten der entstandenen Tasche knappkantig ab und schließe sie somit.
Falte nun die Briefspitze gemäß Schablone nach unten und steppe die obere Kante knappkantig ab, so behält der Umschlag seine geschlossene Form und lässt sich dennoch öffnen.

Tipp: Die genähten Briefumschläge können wunderbar mit feinen Webbändern und Webpatches dekoriert werden. Steppe dazu, nach dem Aufbügeln der Gewebeeinlage, ein Webband auf eine gewünschte Stelle des Zuschnitts. Die Patches können zum Schluss per Hand auf den fertigen Umschlag genäht werden.

Es war einmal ein kleines Bärenkind...

UTENSILOS

Größe 24 x 11 x 26 cm
Schablone 3 auf Bogen 2

MATERIAL

• 0,40 m BW-Stoff xy (A)
• 0,40 m BW-Stoff xy (B)
• 0,40 m Volumenvlies (C)
• 17 cm Vierkantholz 0,5 x 0,5 cm Stärke
• 20 cm Vierkantholz 1,5 x 0,5 cm Stärke
• Schraubhaken mit Halböse, 4 cm Länge
• Metallöse, 0,5 cm Durchmesser

ZUSCHNITT

Inkl. 1 cm NZ. Vor dem Zuschnitt Stoffe nach Anleitung waschen, siehe Nählexikon.

A: 1x je Schablone 3.1, 3.2 und 3.3
B: 1x je Schablone 3.1, 3.2 und 3.3
C: 1x je Schablone 3.1, 3.2 und 3.3

Markiere am Vorderteil die kleine Öffnung und am Rückwandteil die Wendeöffnung. Lege nun die Zuschnitte des Außenstoffes A, mit der rechten Seite außen, auf die passenden Vlieszuschnitte und steppe sie knappkantig auf. Stecke das Vorderteil rechts auf rechts an die Seitennähte der Rückwand. Nähe die Seitennähte zusammen und stoppe je 1 cm vor Stoffende, damit sich die Ecke später schöner legt. Stecke den Boden von unten in die Öffnung des Beutels und steppe ihn, den Markierungen folgend, fest. Nähe auf die gleiche Weise die Zuschnitte für den Futterbeutel aus B zusammen und bügle alle Nähte aus. Stecke beide Beutel rechts auf rechts ineinander und nähe sie exakt zusammen. Lasse dabei die Wendeöffnung offen. Schneide die Nahtzugaben der Ecken diagonal ab und wende den Beutel. Arbeite die Ecken aus und beachte dabei besonders, dass die Übergangsecke an der oberen Seitennaht sauber liegt (schneide ggf. weiter ein). Stecke die Nahtzugaben der Wendeöffnung zu und klappe die obere Stehkante gemäß Markierungen nach hinten aufeinander. Stecke oben an der neu entstandenen Falz eine Nadel in die Mitte (= Position für Öse). Setze die Öse nach Anleitung des Herstellers ein und steppe danach den Tunneldurchzug von hinten knappkantig ab. Durch diese Naht wird die Wendeöffnung geschlossen.
Markiere mittig an der schmalen Seite der großen Holzleiste einen Punkt. Bohre hier ein Loch, welches etwas kleiner ist als das Gewinde des Schraubhakens. Schiebe die Leiste durch den Tunnelzug bis die Vorbohrung durch die Metallöse sichtbar wird und drehe den Schraubhaken in die Vorbohrung. Steppe die Naht des vorderen Tunneldurchzugs gemäß Schnitt ab. Schiebe durch die kleine seitliche Öffnung die kleinere Holzleiste ein und schließe die Öffnung von Hand.

DEKOHERZEN

Größen 18 x 27 / 12 x 18 / 6,5 x 10 cm
Schablonen 7 und 11 auf Bogen 2

MATERIAL

- 0,30 / 0,20 / 0,15 m Leinen oder BW-Stoffe (A)
- 0,30 / 0,20 / 0,15 m Teddyplüsch (B)
- Stoffreste (C)
- verschiedene Webbänder
- verschiedene Patches
- 0,30 / 0,20 / 0,15 m Gewebeeinlage (D)
- Füllwatte
- Optional: Holzperlen in verschiedenen Größen

ZUSCHNITT

Inkl. 1 cm NZ. Vor dem Zuschnitt Stoffe nach Anleitung waschen, siehe Nählexikon.

A: 2x Schablone 7 (gewünschte Größe) für Vorder- und Rückseite
B: 1x Schablone 7 (gewünschte Größe)
C: Schablone 11.1 oder 11.2 für kleine Taschen, oder auch Flicken, kleine Herzen...
D: 1x Schablone 7 (gewünschte Größe)

Bügle die Gewebeeinlage D auf die Vorderseite aus A. Wähle Motive zum Verzieren der Vorderseite aus: Bänder, Patches, kleinere Taschen oder einfach rechteckige Flicken machen sich genauso schön wie kleine verstürzte Herzen. Versetzt, übereck oder ineinander übergehend hat es einen besonderen Charme. Kleine Flicken, mal mit Teddy unterlegt, mal etwas ausgefranst, dienen als Platzhalter für Patches. Bereite die Taschen, Herzen oder Flicken vor, bevor sie auf die Vorderseite genäht werden. Siehe auch im Nählexikon Seite 65 Verarbeitung von Applikationen. Lege und stecke die verschiedenen Elemente auf die Herzvorderseite und steppe sie knappkantig auf.

Stecke die verzierte Herzvorderseite links auf rechts kantengleich auf den Teddyplüsch B. Lege den Zuschnitt für die Rückseite aus A mit der linken Seite auf die linke Teddyplüschseite und fixiere alle Stofflagen gut aufeinander. Soll das Modell später zum Hängen sein, lege ein Stück Kordel zur Schlaufe und fixiere es zwischen den Stofflagen in der oberen Mitte, sodass es im nächsten Schritt mitgefasst wird. Steppe die Stofflagen zweimal rundherum, ca. 1 cm entfernt von der Schnittkante, aufeinander (bei kleineren Modellen 0,5 cm). Lasse dabei eine Öffnung zum Befüllen von ca. 6 cm an einer geraden Stelle. Fülle die fertigen Dekoherzen zwischen der linken Seite des Teddyplüschs und der Rückseite (nicht zu prall, sonst verlieren sie die Form) mit Füllwatte und steppe die Öffnung zu. Durch den inliegenden Teddyplüsch entsteht der schöne Shabbycharakter.

Optional: Als zusätzlicher Hingucker können Holzperlen oder kleine genähte Objekte, wie die kleinen Handschuhe (Schablone 10.1, verstürzt genäht), an einer Kordel angebracht werden.

schnell noch die letzten Stiche genäht...

Mein Lieblingskranz ist nur für dich!

Den Kranz hänge ich an die Tür, wo ihn jeder sehen kann.

Kreativkissen mit Taschen

Diese schönen Kreativkissen laden zu vielfältigen Gestaltungen und Größen ein. Die schlichte Grundform wird mit Motivstoffen, Taschen mit und ohne Stickereien, Webbändern und liebevollen Webpatches verziert. Der Fantasie sind hier keine Grenzen gesetzt. Befüllt mit kleinen Überraschungen und Briefchen bieten sie neben dem Dekofaktor auch noch schöne Überraschungsmomente im Advent.

Die Maße für Material und Zuschnitte verändern sich mit den unterschiedlichen Kissengrößen wie folgt:
Kissenbreite: Inlettbreite + 2 cm
Kissenlänge: Inlettlänge + 3 cm
Reißverschlusslänge: Kissenbreite minus 10 cm

Größe in unserem Nähbeispiel: 45 x 45 cm

MATERIAL
- 0,50 m BW-Stoff oder Leinen für Kissenhülle (A)
- 0,25 m Stickleinen weiß für Tasche m. Stickerei
- diverse Stoffe für die Verzierungen: Teddyplüsch, Leinen, BW-Stoffe mit Motiven
- Webbänder und Webpatches
- Kisseninlett 45 x 45 cm
- Reißverschluss, Länge 35 cm

ZUSCHNITT
Inkl. 1 cm NZ. Vor dem Zuschnitt Stoffe nach Anleitung waschen, siehe Nählexikon. Die Stickerei wird auf einen Leinenzuschnitt von 25 x 25 cm gestickt.

A: 2x 47 x 48 cm Stoff für Kissenhülle

Wähle Motive zum Verzieren der Kissenvorderseite aus. Bänder und Taschen aus Rechtecken für Patches machen sich genauso schön wie Stickereien. Motive, wie Häuser, Herzen, Tannenbäume oder Taschen bereichern die Vorderseite, nutze hierzu die Schablonen 7 bis 11 auf Bogen 2 und Schablonen 5.3 bis 5.5 auf Bogen 1. Beim Aufsteppen der Applikationen kann die obere Kante offen bleiben, so fungieren sie als zusätzliche Tasche für Kleinigkeiten oder liebe Grüße. Versetzt übereck oder ineinander übergehend haben die Applikationen einen besonderen Charme. Kleine Flicken, mal mit Teddy unterlegt, mal etwas ausgefranst, dienen als Platzhalter für Patches. Taschen können vor dem Zuschnitt mit Stickereien verziert werden.

Lege und stecke die Applikationen auf die Vorderseite des Kissens und steppe sie auf. Diese können verstürzt oder im Shabbylook aufeinander appliziert werden, siehe dazu auch im Nählexikon Seite 65 (Verarbeitung von Applikationen).

Für ein Kissen mit Stickerei bügle Gewebeeinlage auf die zuvor von links gut gebügelte und fertig bestickte Kissenvorderseite. Versäubere die unteren Kanten der Kissenzuschnitte und lege sie rechts auf rechts aufeinander. Nähe die Naht am unteren Rand, 2 cm von der Schnittkante entfernt, jeweils 7 cm von den Seiten zusammen. Bügle die Nähte auseinander, nähe den Reißverschluss anschließend von der rechten Stoffseite in die Nahtöffnung und öffne ihn. Fixiere die beiden Kissenzuschnitte aufeinander und nähe die offenen Kanten zu. Versäubere die Kanten, wende das Kissen und bügle es. Ziehe das Inlett ein und erfreue dich am Befüllen der kleinen Taschen.

Das Licht der
Weihnacht leuchtet
in jedes Haus hinein.

Endlich fertig mit dem Geschenke-verpacken...

GESCHENKESÄCKCHEN

Größen 28 x 48 / 22 x 30 / 10 x 18 cm
Schablonen 7 bis 11 (bis 18 cm) auf Bogen 2

MATERIAL

• 0,50 / 0,35 / 0,25 m BW-Stoff Motiv o. Leinen (A)
• 0,50 / 0,35 / 0,25 m BW-Stoff Emma, Streifen,
  Kiesel oder Tupfen (B)
• Jutekordel dick oder dünn
• Stoffreste, Patches oder Webbänder zur Verzierung

ZUSCHNITT

*Inkl. 1 cm NZ. Vor dem Zuschnitt Stoffe nach Anleitung
waschen, siehe Nählexikon.*

A: 30 x 50 / 24 x 32 / 14 x 22 cm doppelte Stofflage
    für Oberstoff
B: 30 x 50 / 24 x 32 / 14 x 22 cm doppelte Stofflage
    für Futter

Lege einen Zuschnitt aus A rechts auf rechts auf einen Zuschnitt aus B und steppe sie an der oberen Naht füßchenbreit zusammen. Bügle die Nahtzugabe zum Futter. Steppe eine Stütznaht knapp neben der umgebügelten Kante, von rechts, auf den Futterstoff und durch die umgebügelte Nahtzugabe. Dies ergibt später eine schöne Kante. Wähle Motive zum Verzieren der Vorderseite aus. Diese können auf verschiedene Weisen vorbereitet werden, siehe dazu auch im Nählexikon Seite 65, Verarbeitung von Applikationen. Webbänder und Taschen aus Rechtecken für Patches machen sich genauso schön, wie Stickereien. Schnitte für Häuser, Taschen oder Herzen, auch kleine Tannenbäume bereichern die Vorderseite (Schablonen 7 bis 11 auf Bogen 2). Diese können, nur am seitlichen und unteren Rand aufgesteppt, zusätzlich für Kleinigkeiten oder liebe Grüße, als Tasche fungieren. Versetzt übereck oder ineinander übergehend hat es einen besonderen Charme. Kleine Flicken, mal mit Teddy unterlegt, mal etwas ausgefranst, dienen ebenfalls als Platzhalter für Patches. Lege und stecke die Applikationen und steppe sie auf. Achte immer darauf so viel Platz zur oberen Kante zu lassen, dass das Säckchen später mit Inhalt noch zugebunden werden kann, ohne die Verzierung zu unterbrechen.

Lege zwei halbfertige Beutel rechts auf rechts, Oberstoff auf Oberstoff und Futter auf Futter, aufeinander und steppe die beiden Stofflagen, bis auf eine Wendeöffnung in der unteren Futtermitte, zusammen. Achte dabei darauf, dass die Nähte der oberen Kante aufeinander liegen. Schneide die Nahtzugabe in den Ecken bis vor die Naht ab. Wende die Säckchen, schließe die Wendeöffnung und schiebe das Futter in den Oberstoff. Binde die Säckchen mit Kordel zu, oder schneide aus einem gut harmonierendem Stoff ein 6 x 80 cm langes Bindeband. Lege diesen Zuschnitt in sich längs rechts auf rechts und steppe es rundherum bis auf eine Wendeöffnung in der Mitte zusammen. Wende und bügle es. Schließe die Wendeöffnung und binde es um das Säckchen.

Ich bin schon
so gespannt auf die
vielen Überraschungen
im Advent.

Ich werde den größten Schneefuchs bauen!

Dekokreise

Größen Ø 16,5 cm (Ø 29 cm)
Schablone 12 auf Bogen 1 und Schablonen 7.3, 8.1, 9.1 und 9.2 auf Bogen 2

MATERIAL

- 0,35 m (0,20 m) BW-Stoff, Motiv nach Wahl (A)
- 0,35 m (0,20 m) Teddyplüsch wollweiß (B)
- 0,35 m (0,20 m) Schabrackenvlies z. Aufbügeln (C)
- 0,40 m dünne Kordel
- verschiedene Holzperlen

ZUSCHNITT

Inkl. 1 cm NZ. Vor dem Zuschnitt Stoffe nach Anleitung waschen, siehe Nählexikon.

A: 2x Schablone 12.1 (Schablone 12.2)
B: 2x Schablone 12.1 (Schablone 12.2)
C: 2x Schablone 12.1 (Schablone 12.2)

Bügle das Schabrackenvlies C auf die Zuschnitte aus A. Lege den Zuschnitt aus Teddyplüsch mit der rechten Seite nach oben. Lege darauf, links auf rechts, einen bebügelten Zuschnitt aus A. Den zweiten Zuschnitt aus A lege nun rechts auf rechts auf den ersten. Fixiere alle drei Lagen kantengleich und so, dass sie nicht verrutschen können, miteinander. Platziere die jeweilige Schablone nach Belieben auf der linken bebügelten Seite von Zuschnitt A und übertrage sie. Nähe anschließend den gezeichneten Umriss der Schablone nach. Entferne die Fixierung. Schneide das Motiv innen bis ca. 0,4 cm vor die Stepplinie aus, sodass ein Loch in allen Stofflagen entsteht. Schneide nun alle inneren Nahtzugaben in den Rundungen bis kurz vor die Stepplinie ein. Schneide die Nahtzugaben an den Spitzen ab. Wende die Näharbeit durch diesen Ausschnitt hindurch, umreihe ihn an der Kante und bügle alles sorgfältig. Entferne nun die Reihfäden wieder. Ziehe die Kordel mit einer dicken Nadel mittig oben durch den Ausschnitt zwischen den Lagen zur oberen Mitte und fixiere sie. Dabei hängen ca. 10 bis 15 cm im Ausschnitt, an diese werden später die Holzkugeln geknotet. Stecke wieder alle Lagen sorgfältig aufeinander, sodass keine Fältchen oder Knicke entstehen und nähe rundherum 1 cm von der Kante alle Lagen zusammen, dabei wird oben die Kordel mitgenäht. Setze eine zweite Naht lose um die erste. Knote die Holzperlen an.

Tipp: Holzperlen können ganz einfach selbstgefärbt werden. Spitze dazu Bunt- oder Wachsmalstifte und reibe mit dem entstandenen Farbmehl und einem weichen Lappen die Kugel ein.

WANDBAUM

Größe 50 x 70 cm
Schablone 4 und 10.1 auf Bogen 2
Stickdatei *Schlittenbärchen*

MATERIAL

VARIANTE 1:

• 0,30 m BW-Stoff Adventsfreude (A)
• 0,20 m BW-Stoff Wintergirlanden (B)
• 0,10 m BW-Stoff Emma Thymian (C)
• 0,50 m Gewebeeinlage (D)
• Reststück Leinen 7 x 10 cm
• ca. 200g Füllwatte
• 5 Holzkugeln mit Lochbohrung, Ø 3 cm
• 0,6 m dünne Kordel
• Patch ‚Fröhliche Weihnacht überall'

VARIANTE 2:

• 0,30 m BW-Stoff Winterspaß (A)
• 0,30 m Stickleinen weiß (B)
• 0,50 m Gewebeeinlage (D)
• Reststück Teddyplüsch (C)
• ca. 200g Füllwatte
• 5 Holzkugeln mit Lochbohrung, Ø 3 cm oder verschiedene je 2 (für jede Seite 1x gleich)
• 1,20 m dünne Kordel

ZUSCHNITT

Inkl. 1 cm NZ. Vor dem Zuschnitt Stoffe nach Anleitung waschen, siehe Nählexikon. Die Stickerei mit der Maschine auf einen Zuschnitt von 40 x 30 cm aus Stickleinen weiß (B) sticken. Dabei die Stickerei laut Schnitt und Foto etwas seitlich positionieren.

A: Schablone 4.3 doppelte Stofflage für Unterteil, Schablone 4.1 doppelte Stofflage für Oberteil
B: Schablone 4.2 doppelte Stofflage für Mittelteil
D: je 1x Schablone 4.1, 4.2 und 4.3 in doppelter Lage

ZUSÄTZLICH FÜR WANDBAUM 1:

C: 20 x 10 cm doppelte Stofflage (Schablone 4.5 für große Tasche), 10 x 7 cm doppelte Stofflage (Schablone 4.4 für kleine Tasche)

ZUSÄTZLICH FÜR WANDBAUM2:

A1: 8 x 12 cm doppelte Stofflage (Schablone 10.1 für Handschuhe)
C: 8 x 12 cm doppelte Stofflage (Schablone 10.1 für Handschuhe)

Bügle die Gewebeeinlage D auf die entsprechenden Zuschnitte aus A und B. Lege die Zuschnitte aus A1 und C (oder nur C) jeweils in sich rechts auf rechts aufeinander und zeichne die Umrisse der dazugehörigen Schnittteile auf. Nähe die Kleinteile auf der gezeichneten Linie rundherum zusammen und lasse bei den Taschen eine Wendeöffnung (die Handschuhe bleiben oben offen). Wende und bügle die Kleinteile.

Nur Variante 1: Nähe die Taschen mittig auf Unter- und Mittelteil auf. Fransele den Leinenrest ein wenig aus und setze ihn auf das Unterteil, siehe dazu auch die Fotos. Nähe den Patch mittig auf das Leinen.

Für beide Varianten: Stecke das Unterteil, das Mittelteil und das Oberteil jeweils rechts auf rechts aufeinander und nähe sie rundherum kantengleich, bis auf eine Wendeöffnung unten, zusammen. Schneide die Nahtzugabe in den Rundungen bis kurz vor die Stepplinie fein ein und an den Tannenspitzen ab. Wende die fertigen Teile und bügle sie fein aus. Fülle sie gleichmäßig mit der Füllwatte und schließe die Wendeöffnung mit Saumstichen. Nähe an jeder Seite, zwischen den oberen Ecken des Unterteils und den Markierungen am Mittelteil, eine Kugel an. Nähe die nächsten Kugeln zwischen den oberen Ecken des Mittelteils und den Markierungen am Oberteil an. Ziehe durch die Spitze des Oberteils eine dünne Kordel und schiebe die letzte Kugel über die doppelt gelegte Kordel.

Nur Variante 2: Nähe die Handschuhe an ein Stück Kordel und nähe die Kordel, ca. 8 cm von der linken Seite, unten an das Oberteil. Dabei dürfen die Handschuhe in unterschiedlichen Längen nach unten baumeln.

Lass uns noch
ein paar Kerzen
für den Weihnachts-
baum besorgen.

Feine Stickereien

Die gestickten Tiere in diesem Buch sind nach den wunderbaren Aquarellzeichnungen von Sophia Drescher entstanden. Alle gezeigten Modelle im Buch sind mit maschinell gestickten Motiven gefertigt. Diese Stickdateien stehen für alle, die das Buch erworben haben, zum freien Download zur Verfügung. Wer keine Stickmaschine besitzt, kann die Motive auch im Kreuzstich mit der Hand auf Stickleinen sticken und die Stickmuster auf den Seiten 60-63 dafür verwenden.

Stickdatei Downloadcode:
#acu!20XMas23%
zum Download auf
www.acufactum.de

Doch nun zu der Verarbeitung der Stickdateien

Die Detailreiche und -tiefe der Originalzeichnungen gab uns viel Inspiration für feine Effekte, die die Stickmaschine filigran wiedergeben kann. Schattierungen, Strukturen und detaillierte Stichführungen zeichnen diese Motive aus, geben ihnen Tiefe und heben hervor. Die Fellschattierungen entstehen durch die Verwendung feiner Farbabstufungen. Mit Hilfe zugehöriger PDF-Anleitungen (im Download enthalten) werden die Tiere unter der Nadel Schritt für Schritt lebendig und es ist ein Genuss dabei zuzusehen. Mit einer Tasse Tee, umgeben von Stoffen, Nadel, Faden und dem gemütlichen Rattern der Maschine halten Sie am Ende Ihr ganz besonderes kreatives Werk in den Händen und erfreuen Groß und Klein.

So funktioniert der Download:
Besuchen Sie unsere Webseite www.acufactum.de und navigieren Sie zum Buch "Mein Winterglück" (links im Menü unter *acufactum Bücher / Herbst & Winter*, klicken Sie dann auf den Artikel). Laden Sie die Stickdateien über den Button "Download" herunter und speichern Sie die Zip-Datei auf Ihrem PC. Extrahieren Sie den Zip-Ordner anschließend im Explorer/Finder, sie ist mit dem Passwort **#acu!20Xmas23%** verschlüsselt. Erst danach können die Stickdateien funktionsfähig auf das Speichermedium der Maschine gespeichert werden.

Alle im Buch verwendeten Dateien können von einer Stickmaschine mit dem kleinen oder mittelgroßen Rahmen verarbeitet werden. Prüfen Sie dafür bitte die genannten Maße der einzelnen Stickdateien. In diesem Buch haben wir alle Motive auf Handstickleinen / Zähllinen oder festen Baumwollstoffen mit einem Gewicht von 145 g/m² und dem Stickvlies Cotton Soft von Madeira doppellagig verarbeitet. Jeder acufactum-Stickdatei liegt eine ausführliche Anleitung in Form einer PDF-Datei für die Farbreihenfolge und allen wichtigen Informationen zum jeweiligen Motiv bei. Wir geben in dieser Anleitung die Farben aus dem Madeira-Rayon-Sortiment an. Sie sind jedoch frei in der Farbwahl und dürfen sich natürlich gerne aus Ihrem vorhandenem Sortiment bedienen.

Allgemeine und sehr ausführliche Informationen zur Verarbeitung der Stickdateien können Sie hier einsehen:
www.acufactum.de/media/downloads/maschinensticken_informationen.pdf

Kleines Sticklexikon

STICKGARN

Die Motive in diesem Buch sind alle mit deutschem Baumwollgarn der Firma Vaupel & Heilenbeck gestickt. Bei diesem Garn handelt es sich um ein einfädiges, reines, unmercerisiertes Baumwollgarn. Es ist matt, farb- und lichtecht und bis 60 °C waschbar.

STICKNADEL

Die Sticknadel hat in der Regel keine Spitze, um die Gewebefäden nicht anzustechen. Wir empfehlen eine Nadelgröße 24 oder 26.

STICKSTICHE

Kreuzstich

Dieser Stich wird über zwei Gewebefäden gearbeitet. Er wird in hin- und hergehenden Reihen gestickt. In der Hinreihe werden die Grundstiche von links unten nach rechts oben über zwei Gewebefäden ausgeführt. In der Rückreihe werden die Deckstiche gesetzt. Sie werden von rechts unten nach links oben ausgeführt. Wird das Muster durch eine andere Farbe unterbrochen, wird der Zwischenraum durch einen längeren Schrägstich übergangen. Dieser sollte nicht länger als drei Kreuze sein.

Petit Point

Beim Petit Point wird auf der Vorderseite über einen Gewebefaden gestickt. Dabei wird von hinten der Faden von links unten ausgestochen und vorne nach rechts oben eingestochen.

Spannstich

Dieser Stich wird von unten nach oben durch das Gewebe ausgestochen. In der gewünschten Stichlänge wird wieder eingestochen. Den Stich in optisch gutem Abstand wiederholen. Er darf nicht zu locker gearbeitet werden.

Steppstich

Dieser Stich wird von rechts nach links gearbeitet. Dabei wird von unten durch das Leinen ausgestochen, die Nadel um die gewünschte Stichlänge nach rechts eingestochen und um die doppelte Stichlänge nach links zurückgestochen. Dann wird wieder in die letzte Ausstichstelle eingestochen und in doppelter Stichlänge die Nadel nach oben ausgestochen.

Mageritenstich

Der Margeritenstich besteht aus einem Kettstich, der an der Schlinge mit einem Fang- oder Spannstich festgehalten wird. Man sticht von links durch den Stoff, bildet eine Schlinge, sticht in die Ausstichstelle zurück, fasst einige Gewebefäden auf, sticht innerhalb der Schlinge wieder auf die rechte Stoffseite und hält sie mit einem kleinen Spannstich fest.

Stickstiche

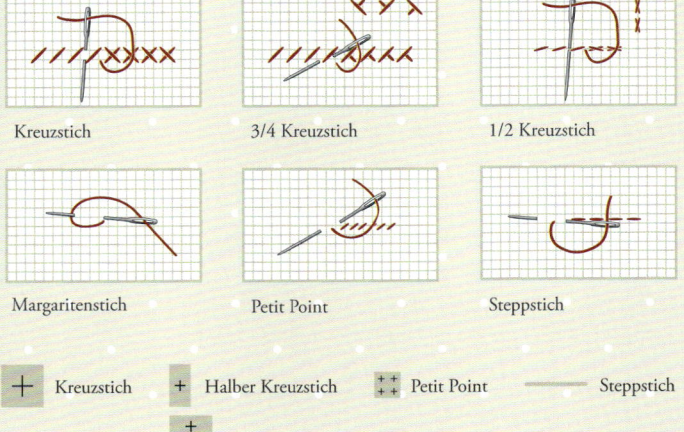

Kreuzstich   3/4 Kreuzstich   1/2 Kreuzstich

Margaritenstich   Petit Point   Steppstich

+ Kreuzstich   + Halber Kreuzstich   ::: Petit Point   —— Steppstich

Luciabär

6,5 x 9 cm

V+H Garne

	1222
▨	3741
	3996
▤	3995
▨	3991
▨	3990
◪	4016
	4027
▨	4020

Mini Vogelhaus

3 x 5 cm

V+H Garne

▨	3741
⁘	1000
◪	3962
▨	3990
	3953
▤	3995
▨	1450

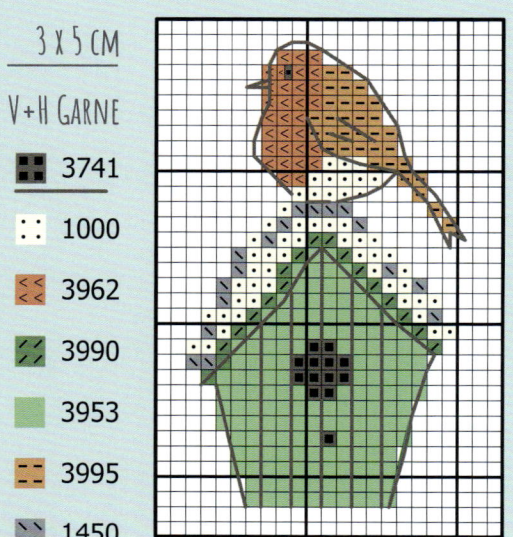

Mini Geschenke

6 x 3 cm

V+H Garne

	4020
	2022
	3311
	3953

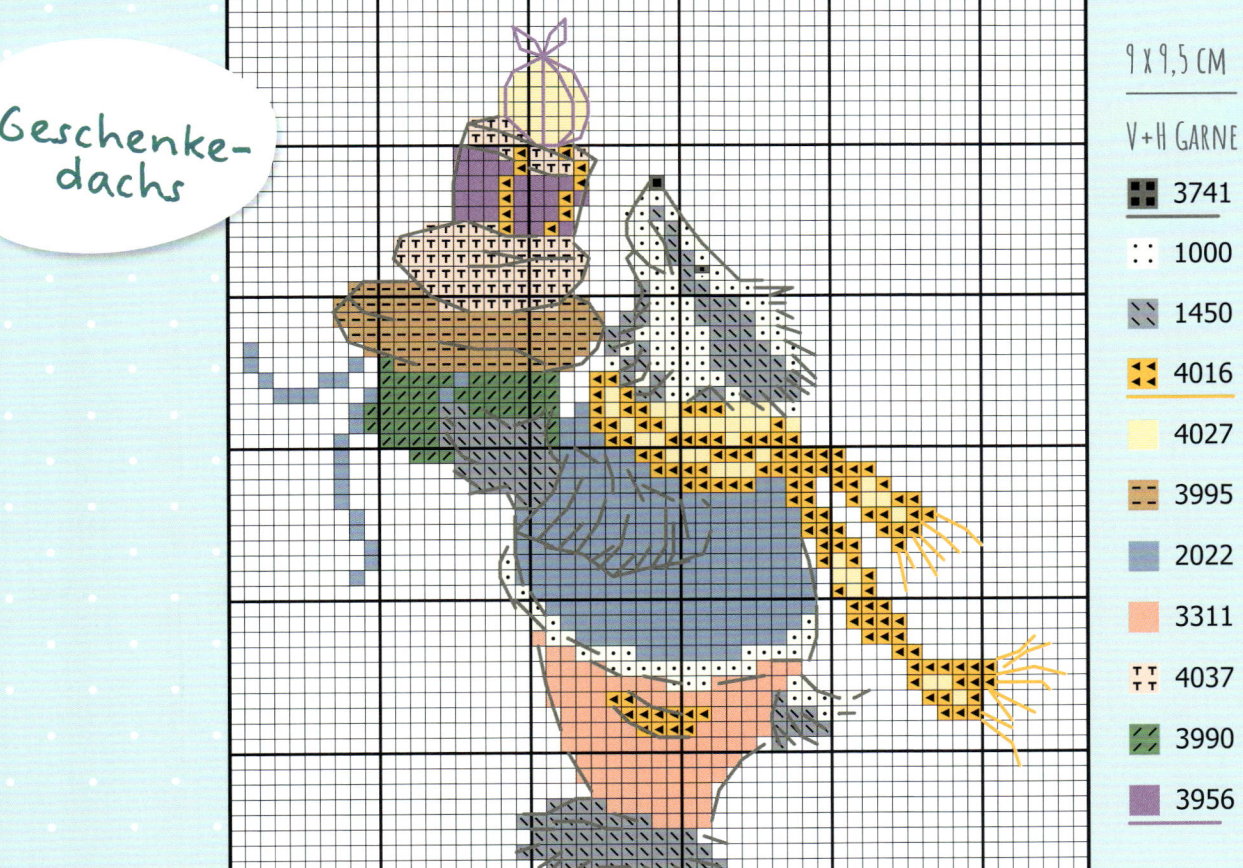

Geschenke-
dachs

9 x 9,5 CM

V+H GARNE

▦	3741
∴	1000
⧄	1450
◄◄	4016
	4027
⚏	3995
	2022
	3311
ᴛᴛ	4037
▨	3990
	3956

9,5 x 8,5 cm

V+H Garne

▦	3741
∷	1000
⌂⌂	3989
■	3973
<<	3962
■	2022
■	3311
⋈	4016
▢	4027
⋕	3995

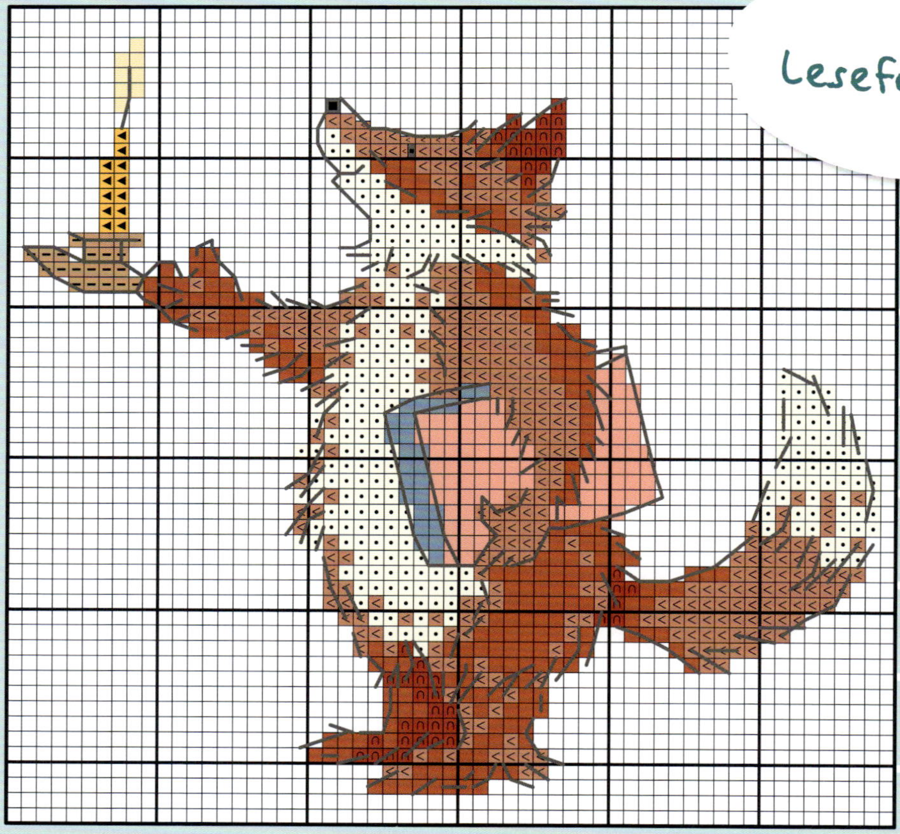

Lesefuchs

Kreuzstichmuster

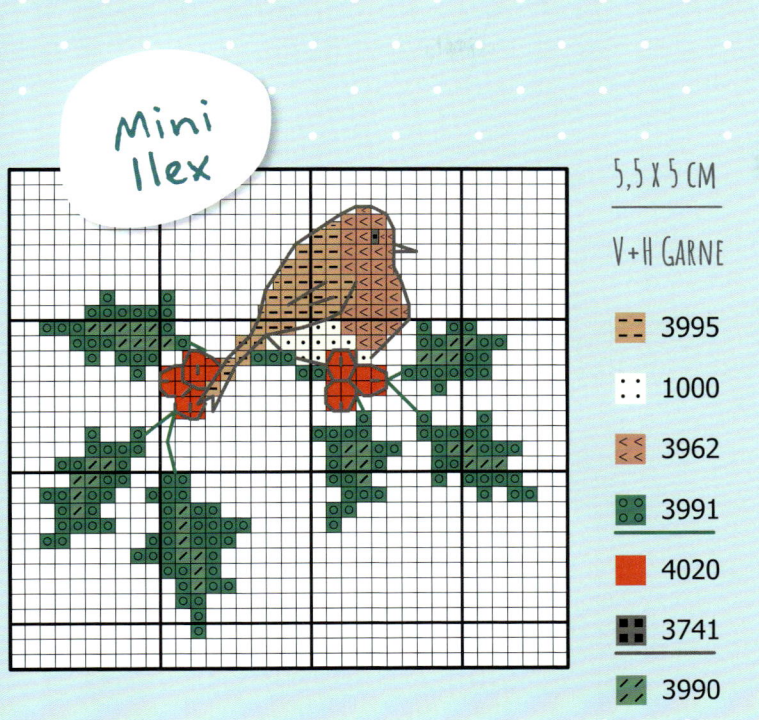

Mini Ilex

5,5 x 5 cm

V + H Garne

⌗⌗	3995
∴∴	1000
<<	3962
⊚⊚	3991
■	4020
⊞	3741
⫽⫽	3990

Mini Mistelbeere

4,5 x 5,5 cm

V + H Garne

⊚⊚	3991
⊞	3741
++	3312
●●	1600
∴∴	1000

Schlitten- bärchen

8,5 x 9,5 cm

V + H Garne

∴∴	1007
⊞	3741
	2022
⊞⊞	3905
++	3312
●●	1600
◀◀	4016
	1222
	3996
⌗⌗	3995

NÄHLEXIKON

BINDING ODER RANDBINDING

Nach dem Fertigstellen des Plaids, begradige die Schnittkanten und fasse ihn mit dem sogenannten Binding ein. Nähe hierzu einzelne Streifen mit schrägen Nähten zusammen, sodass er um den gesamten Quilt reicht. Bügle den Streifen der Länge nach kantengleich links auf links (Bild 1). Nähe ihn rechts auf rechts wiederum kantengleich an die Quiltkante. Beginne dazu 10 cm hinter dem Bandanfang und nähe bis 0,75 cm vor der Schnittkante der nächsten Ecke. Drehe die Näharbeit, um die nächste Kante zu nähen. Schlage das Band in der Ecke im 90° Winkel auf die schon fertige Naht und nähe den Streifen weiter an (Bild 2). Arbeite so alle Seiten und Ecken. Am Ende angekommen, schlage den Anfang des Bandes im 45° Winkel um und lege das Ende darüber (Bild 3). Schlage zum Schluss den Streifen um die Kante und stecke ihn auf der Plaidrückseite rundherum fest. Nähe ihn mit feinen Saumstichen rundherum an (Bild 4).

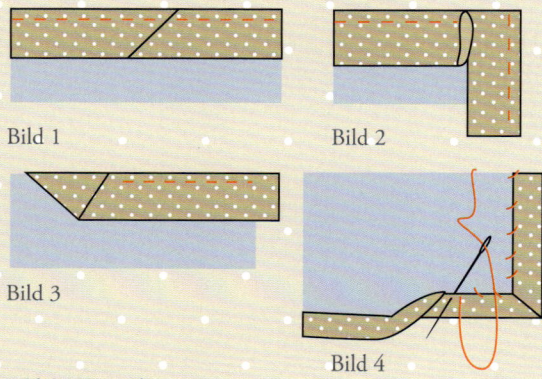

Bild 1   Bild 2

Bild 3

Bild 4

NAHTSCHATTEN

Im Nahtschatten nähen bedeutet auf eine bereits vorhandene Naht von rechts eine weitere Naht zu setzen. Dadurch wird die zweite Naht fast unsichtbar. Zuvor sollte die erste Naht auseinandergebügelt werden.

NAHTZUGABEN

Die Nahtzugabe ist der Abstand zwischen Schnittkante und Naht. In unserem Buch sind alle Schnitte und Schablonen mit 1 cm Nahtzugabe angegeben, außer, in der Anleitung wird etwas anderes erwähnt.

REIHEN / HEFTEN

Das provisorische Reihen oder Heften geschieht mit einem hellen Faden und ungefähr 1 cm langen Stichen überall dort, wo Nadeln stören oder nicht ausreichen, um präzise fixieren zu können. Zum Beispiel vor dem Bügeln oder an Kanten, die genau aufeinander liegen sollen. Aber auch um dem Gesteckten mehr Halt zu geben kann man ein Werkstück vor dem Nähen mit der Nähmaschine reihen.

RECHTS AUF RECHTS

Rechts auf rechts bedeutet, die beiden rechten Seiten zweier Stofflagen aufeinander zu legen. Bei Druckstoffen sind es die bedruckten Seiten, bei Jersey oder Strickstoffen die glatten Seiten – oder eben die Seiten, die beim fertigen Werkstück sichtbar sein sollen. In einigen Ausnahmen wird auch links auf rechts, rechts auf links oder links auf links gelegt. Damit wird immer die jeweilige Stoffseite bezeichnet.

STOFFARTEN UND VORWASCHEN

Bedruckter acufactum-Baumwollstoff

Wir empfehlen die BW-Stoffe bei 30° C mit Fein- oder Colorwaschmittel ohne Bleichmittel im Programm Feinwäsche zu waschen. Unsere Baumwollstoffe können naturgemäß in der Waschmaschine bis zu 5 % einlaufen, deshalb empfehlen wir unsere Stoffe auch vor dem Vernähen (besonders in Kombination mit anderen Materialien) zu waschen. Um einen Farbabrieb zu vermeiden, können die vernähten Stoffe auf links gewaschen werden. Die Baumwolle kann heiß gebügelt werden.

Gewebeeinlage / Vlieseline

Eine Einlage dient zur Verstärkung des Gewebes. Geeignet für unsere Baumwolle ist eine Universal-Gewebeeinlage für mittelschwere Stoffe. Der Zuschnitt erfolgt genau wie beim Baumwollstoff. Wichtig ist, dass die gekörnte Klebeseite später auf die linke Stoffseite aufgebracht wird (also spiegelverkehrt zuschneiden).

Gekochte Wolle

Die gekochte Wolle sollte nicht gewaschen werden. Leicht verschmutzte Wolle kann ausgelüftet und vorsichtig ausgebürstet werden. Wollstoffe werden mit einem feuchten Tuch und auf kleiner Bügelstufe gedämpft. Dazu das Bügeleisen immer wieder anheben, so dass das Tuch nur kurz berührt wird.

Leinen

Die verwendeten Leinenstoffe können genau so gewaschen werden wie unsere Baumwollstoffe.

Stickleinen

Das von uns verwendete Stickleinen ist ein in Kette und Schuss relativ gleichmäßiges Gewebe, d.h. die gestickten Kreuze werden quadratisch. Die Leinenbreitware misst 12 Fäden pro Zentimeter. Leinen ist ein Naturmaterial, das beim ersten Waschen einläuft. Berücksichtige deshalb diese Tatsache bei der Berechnung der benötigten Leinenmenge und nimm entsprechend mehr. Die in diesem Buch verarbeitete Leinenbreitware ist von der Weberei Weddigen.

Teddyplüsch

Unser Teddyplüsch ist bei 30°C im Feinwäscheprogramm waschbar.

NÄHLEXIKON

STÜTZNAHT

Die Stütznaht dient zur sauberen Verarbeitung von Stoffkanten. Wie bei einer normalen Naht werden die Stoffe mit Nahtzugabe zusammengenäht und die Nahtzugabe wird zur innenliegenden Stoffseite gebügelt. Von rechts wird nun durch alle Stofflagen auf der Nahtzugabe 1-2mm von der Naht entfernt abgesteppt. Nun kann sich die Kante weder verziehen, noch ausleiern oder ausfransen.

VERARBEITUNG VON APPLIKATIONEN

Die Applikationen können auf zwei verschiedene Weisen aufgebracht werden. Zum einen verstürzt mit einer sauberen Kante, welches sich gut für Nähprojekte anbietet, die häufig gewaschen werden sollen. Zum anderen mit einer offenen Kante im Shabby-Look. Diese Möglichkeit eignet sich besonders gut für kleinere Applikationen.

Applikationen verstürzen

Beim Verstürzen werden die Schnittteile rechts auf rechts zusammengenäht, wobei eine Öffnung zum Wenden offen bleibt. Die Nahtzugabe wird in den Ecken und Rundungen zurück- oder eingeschnitten, die Applikation gewendet und gebügelt. Anschließend kann sie auf das Nähprojekt knappkantig aufgesteppt werden, wobei die Wendeöffnung geschlossen wird.
Schneide für kleinere Applikationen rechteckige Stoffstücke (1x für die Vorderseite, 1x Teddyplüsch für die Rückseite) zu, die so groß sind, dass die jeweilige Schablone gut aufgelegt werden kann und zu jeder Seite 1 cm Platz ist. Bügle Gewebeeinlage auf die Vorderseite. Lege die Schablone auf und zeichne die Konturen nach. Um Taschen, Flicken oder Bänder vorher auf die bebügelte Vorderseite zu nähen, reihe durch diese Linie mit einem farbfremden Faden, so wird die Kontur auf die rechte Stoffseite übertragen und die Dekoelemente können genau platziert werden. Stecke Vorder- und Rückseite rechts auf rechts aufeinander und nähe durch die gezeichnete Linie die Stofflagen zusammen, lasse dabei eine Wendeöffnung offen. Schneide die Arbeit aus und die Nahtzugaben in den Ecken ab und Rundungen ein. Wende und bügle die Arbeit. Nähe sie knappkantig auf die gewünschte Position am Objekt, dabei wird die Wendeöffnung geschlossen.

Applikationen im Shabby-Look verarbeiten

Für den Shabby-Look werden die Zuschnitte aus BW-Stoff und Teddyplüsch, links auf rechts, 1 cm von der Schnittkante (0,5 cm bei kleineren Elementen) aufeinander genäht.
Bei Applikationen unter 20 cm ist es einfacher den Teddyplüsch als Rechteck zuzuschneiden, darauf den Zuschnitt aus BW-Stoff zu platzieren und diesen auf den Teddyplüsch zu steppen. Schneide anschließend den Teddyplüsch rundherum zu, ca. 2 mm größer als der BW-Stoff.

ZUSCHNITT

Die Schnittteile werden auf den faltenfrei gebügelten Stoff im Fadenlauf aufgelegt. Hierfür wird der Schnitt/Schablone mit Schnittmusterpapier abgepaust. Es werden zuerst große Schnittteile und kleinere danach aufgelegt. Zwischen den Teilen ggf. Platz für Markierungen lassen. Schnittteile ringsum mit Stecknadeln befestigen und anschließend entlang der Papierkante ausschneiden.
Überprüfen Sie bei den Kleiderschnitten vor jedem Zuschnitt alle Maße anhand der Maße des Kindes und des Papierschnittes. In diesem Buch handelt es sich um weit geschnittene Kleidung. Es könnte also sein, dass ihr Kind, wenn es schmal ist, eine Kleidergröße weniger benötigt.

Tipp: Wer ganz filigran mit den Musterstoffen arbeiten möchte, wählt durchsichtige Schnittmusterfolie, um die gedruckten Figuren liebevoll zu platzieren (bei kleineren Teilen lassen sich Schablonen wunderbar aus Klarsichthüllen erstellen). Hierfür könnte allerdings mehr Stoff benötigt werden als angegeben ist.

Eine kostenlose Anleitung der Etiketten-Anhänger gibt es auf www.acufactum.de/gratis-downloads

MATERIALINDEX

Stickgarn Deutsches Baumwollgarn V+H (Vaupel & Heilenbeck), einfädig, Art.-Nr. 305-3080
Stickleinen weiß/gebleicht 12-fädig, 140 cm breit, Art.-Nr. 319-113W

BW-Stoff Feine Kränze 145 cm breit, Art.-Nr. 3523-889
BW-Stoff Lesestunde 145 cm breit, Art.-Nr. 3523-896
BW-Stoff Adventsfreude 145 cm breit, Art.-Nr. 3523-890
BW-Stoff Weihnachtsmarkt 145 cm breit, Art.-Nr. 3523-891
BW-Stoff Wintergrün & Dachse 145 cm breit, Art.-Nr. 3523-892
BW-Stoff Wintergirlanden 145 cm breit, Art.-Nr. 3523-893
BW-Stoff Winterspaß 145 cm breit, Art.-Nr. 3523-894
BW-Stoff Tupfen dunkelrot 145 cm breit, Art.-Nr. 3523-774
BW-Stoff Tupfen graugrün 145 cm breit, Art.-Nr. 3523-808
BW-Stoff Tupfen petrol 145 cm breit, Art.-Nr. 3523-839
BW-Stoff Tupfen taupe 145 cm breit, Art.-Nr. 3523-590
BW-Stoff Tupfen rostbraun 145 cm breit, Art.-Nr. 3523-821
BW-Stoff Tupfen hellgrau 145 cm breit, Art.-Nr. 3523-761
BW-Stoff Feine Streifen dunkelrot 145 cm breit, Art.-Nr. 3523-854
BW-Stoff Feine Streifen graublau 145 cm breit, Art.-Nr. 3523-852
BW-Stoff Feine Streifen petrol 145 cm breit, Art.-Nr. 3523-853
BW-Stoff Emma Thymian 145 cm breit, Art.-Nr. 3523-1300-01
BW-Stoff Emma Petroleum 145 cm breit, Art.-Nr. 3523-1300-15
BW-Stoff Emma Ocker 145 cm breit, Art.-Nr. 3523-1300-13
BW-Stoff Emma Seeblau 145 cm breit, Art.-Nr. 3523-1300-02
BW-Stoff Kiesel petrol 145 cm breit, Art.-Nr. 3523-847
BW-Stoff Eiskristalle rot 145 cm breit, Art.-Nr. 3523-850

Webband Winterkränze, 16 mm breit, Art.-Nr. 35371
Webband Weihnachtsspiel, 16 mm breit, Art.-Nr. 35373
Webband Weihnachten mit Häschen, 16 mm breit, Art.-Nr. 35374
Webband Lesezeit, 16 mm breit, Art.-Nr. 35372
Webpatch Lesefuchs 50x40 mm breit, Art.-Nr. 35375
Webpatch Nähverliebt 50x40 mm breit, Art.-Nr. 35377
Webpatch Luciabär 50x50 mm breit, Art.-Nr. 35376
Webpatch Schlittenfahrt 50x40 mm breit, Art.-Nr. 35382
Webpatch Fröhliche Weihnachten 50x80 mm breit, Art.-Nr. 35378
Webpatch Zeit zum Glücklichsein 40x50 mm breit, Art.-Nr. 35379
Webpatch Für Dich 50x40 mm breit, Art.-Nr. 35380
Webpatch Zuhause 50x80 mm breit, Art.-Nr. 35381

Teddyplüsch wollweiß 150 cm breit, Art.-Nr. 3622-RS0033-051
Gekochte Wolle mint, 140 cm, 380 gr/m², Art.-Nr.3622-RS0128-522
Gekochte Wolle cremeweiß, 140 cm, 380 gr/m², Art.-Nr.3622-RS0128-551
Gekochte Wolle dunkelgrün, 140 cm, 380 gr/m², Art.-Nr.3622-RS0128-526
Gekochte Wolle hellgrün, 140 cm, 380 gr/m², Art.-Nr.3622-RS0128-704
Gekochte Wolle rot, 140 cm, 380 gr/m², Art.-Nr.3622-RS0128-515
Stonewashed Leinen, natur, 140 cm breit, Art.-Nr. 3622-RS0214-052
Stonewashed Leinen, kahki, 140 cm breit, Art.-Nr. 3622-RS0214-027
Leinenstoff natur-meliert, 140 cm breit, Art.-Nr. 3622-RS0041-152
Leinenstoff natur, 140 cm breit, Art.-Nr. 3622-RS0041-153
Leinenstoff cremeweiß, 140 cm breit, Art.-Nr. 3622-RS0041-151
Leinenstoff petrol, 140 cm breit, Art.-Nr. 3622-0041-126

Jutekordel natur, 1,7 mm breit, Art.-Nr. 6425-1714-1.7-518
Jutekordel natur, 2,8 mm breit, Art.-Nr. 6425-1714-2.8-518
Volumenvlies z. Aufbügeln, einseitig klebend, 90 cm breit, Art.-Nr. 3255-100
Bauschiges Volumenvlies z. Einnähen f. Plaids, 150 cm breit, Art.-Nr. 3255-109
Universelle Gewebeeinlage, 90 cm, weiß, 90 g/m², Art.-Nr. 3255-112
Schabrackenvlies z. Aufbügeln, 45cm breit, 83 g/m², Art.-Nr. 3255-102
Vliesofix, 90 cm breit, Art.-Nr. 3255-104
Füllwatte, 100 g Beutel, Art.-Nr. 6269-150

3523-889
BW-Stoff Feine Kränze

3523-893
BW-Stoff Wintergirlanden

3523-892
BW-Stoff Wintergrün&Dachse

3523-894
BW-Stoff Winterspaß

3523-890
BW-Stoff Adventsfreuden

3523-891
BW-Stoff Weihnachtsmarkt

3523-896
BW-Stoff Lesestunde

Die hier aufgeführten Materialien erhalten Sie im Fachhandel oder direkt bei uns im Onlineshop auf
www.acufactum.de

WEITERES MIT MOTIVEN VON
Sophia Drescher

SOMMER IM WALD
UND ANDERSWO

68 Seiten, 21,5 x 27 cm, Hardcover inkl.
Schnittmusterbogen und digitalen Stickdateien
Art.-Nr. 4049 | 22,90 € (D)
ISBN 978-3-940193-57-5

Webbänder 16 mm
(von oben nach unten)

35372 Lesezeit
35374 Weihnachten mit Häschen
35371 Winterkränze
35373 Weihnachtsspiel

Webpatches ohne Endfalte
1. 35378 Dachs Fröhliche Weihnachten, 50 x 80 mm
2. 35375 Lesefuchs, 50 x 40 mm
3. 35377 Nähverliebt, 50 x 40 mm
4. 35379 Zeit zum Glücklichsein, 40 x 50 mm
5. 35376 Luciabär, 50 x 50 mm
6. 35380 Dachs Für Dich, 50 x 40 mm
7. 35381 Zuhause, 50 x 80 mm
8. 35382 Schlittenfahrt, 50 x 40 mm

3523-897
BW-Stoff Nähwerkstatt

3523-895
BW-Stoff Herbstspiel

FOLGE UNS AUF:

Impressum

1. Auflage 2023
Herausgeberin: Ute Menze
Verlag acufactum Ute Menze
Buchenstraße 11 • 58640 Iserlohn-Hennen
Fon: 02304 91097 0 • Fax: 02304 91097 26
E-Mail: info@acufactum.de
Internet: www.acufactum.de

• Idee & Konzept: Meike Menze-Stöter
• Illustrationen für Stickmotive und zur Buchgestaltung, Texte Tiere: Sophia Drescher, www.sophiadrescher.com
• Styling und Fotografie: Viktoria Egert, www.viktoriaegert-art.com
• Umsetzung Stickdateien: Sandra Schruff, www.coradesign.net
• Textile Entwürfe: Lisa Esch & Meike Menze-Stöter (acufactum), Anne Stracke (AnnyMcVee)
• Gestaltung, Satz, Kreuzstichumsetzung: Nora Dirkling & Meike Menze-Stöter (acufactum)
• Druck: Neografia, Slowakei
ISBN 978-3-940193-58-2

Wichtiger Hinweis
Die im Buch veröffentlichten Ratschläge wurden vom Verlag sorgfältig geprüft. Eine Garantie kann jedoch nicht übernommen werden. Ebenso ist eine Haftung des Verlags für Personen-, Sach- oder Vermögensschäden ausgeschlossen. Abweichende Farben können drucktechnisch bedingt sein.

Bibliografische Information Deutsche Nationalbibliothek
Die Deutsche Nationalbibliothek verzeichnet diese Publikation in der Deutschen Nationalbibliografie; detaillierte bibliografische Daten sind im Internet über http://d-nb.de abrufbar.